AF219592

Impressum
Verlag: BABADADA GmbH, Nedderfeld 112 , 22529 Hamburg
Geschäftsführer / Verlagsleitung: Harald Hof
Druck: Books on Demand GmbH, In de Tarpen 42, 22848 Norderstedt

Imprint
Publisher: BABADADA GmbH, Nedderfeld 112 , 22529 Hamburg, Germany
Managing Director / Publishing direction: Harald Hof
Print: Books on Demand GmbH, In de Tarpen 42, 22848 Norderstedt

het klaslokaal
classroom

delen
divide

186/2

het bord
board

het schoolplein
school yard

de leraar
teacher

het papier
paper

schrijven
write

de pen
pen

het bureau
desk

de lineaal
ruler

het boek
book

de leerling
pupil

de schooltas

satchel

de etui

pencil case

het potlood

pencil

de puntenslijper

pencil sharpener

de gum

rubber

het schetsblok

drawing pad

de tekening
drawing

het penseel
paintbrush

de verfdoos
paint box

de schaar
scissors

de lijm
glue

het schrift
exercise book

het huiswerk
homework

het getal
number

optellen
add

aftrekken
subtract

vermenigvuldigen
multiply

rekenen
calculate

de letter
letter

het alfabet
alphabet

het woord
word

de tekst

text

lezen

read

het krijt

chalk

de les

lesson

het klassenboek

register

het examen

exam

het diploma

certificate

het schooluniform

school uniform

de opleiding

education

de encyclopedie

encyclopedia

de universiteit

university

de microscoop

microscope

de kaart

map

de prullenmand

waste-paper basket

het hotel
hotel

Grand

het hostel
hostel

ROOMS

het wisselkantoor
bureau de change

EXCHANGE

de koffer
suitcase

de auto
car

de taal

language

ja / nee

yes / no

oké

Okay

Hallo!

hello

de tolk

translator

Bedankt.

Thank you

Wat kost ...?
how much is...?

Ik begrijp het niet.
I do not understand

het probleem
problem

Goedenavond!
Good evening!

Goedemorgen!
Good morning!

Goedenacht!
Good night!

Tot ziens!
bye bye

de richting
direction

de bagage
luggage

de tas
bag

de rugzak
backpack

de gast
guest

de kamer
room

de slaapzak
sleeping bag

de tent
tent

de reis - travel

het VVV-kantoor

tourist information

het strand

beach

de creditkaart

credit card

het ontbijt

breakfast

de lunch

lunch

het diner

dinner

het kaartje

ticket

de lift

lift

de postzegel

stamp

de grens

border

de douane

customs

de ambassade

embassy

het visum

visa

het paspoort

passport

de reis - travel

7

het vliegtuig
aeroplane

het schip
ship

de brandweerwagen
fire engine

de bus
bus

de vrachtauto
truck

de motorboot
motorboat

de fiets
bike

de auto
car

de veerboot

ferry

de boot

boat

de motorfiets

motorbike

de politiewagen

police car

de raceauto

racing car

de huurauto

rental car

de carsharing

car sharing

de takelwagen

breakdown truck

de vuilniswagen

refuse truck

de motor

motor

de benzine

fuel

de benzinepomp

petrol station

het verkeersbord

traffic sign

het verkeer

traffic

de file

traffic jam

de parkeerplaats

car park

het station

train station

de rails

tracks

de trein

train

de tram

tram

de wagon

carriage

de helikopter

helicopter

de luchthaven

airport

de toren

tower

de passagier

passenger

de container

container

de verhuisdoos

carton

de kar

cart

de mand

basket

opstijgen / landen

take off / land

de stad

city

het dorp

village

het stadscentrum

city centre

het huis

house

de bioscoop
cinema

de reclame
advert

de straatlantaarn
street lamp

de straat
street

de taxi
taxi

de kiosk
snack shop

de voetganger
pedestrian

het trottoir
pavement

het zebrapad
zebra crossing

de vuilnisbak
bin

het kruispunt
crossing

het stoplicht
traffic lights

de hut
hut

het appartement
flat

het station
train station

het stadhuis
town hall

het museum
museum

de school
school

de universiteit

university

de bank

bank

het ziekenhuis

hospital

het hotel

hotel

de apotheek

pharmacy

het kantoor

office

de boekenwinkel

book shop

de winkel

shop

de bloemenwinkel

florist's

de supermarkt

supermarket

de markt

market

het warenhuis

department store

de visboer

fishmonger's

het winkelcentrum

shopping centre

de haven

harbour

het park
park

de bank
bench

de brug
bridge

de trap
stairs

de metro
underground

de tunnel
tunnel

de bushalte
bus stop

de bar
bar

het restaurant
restaurant

de brievenbus
postbox

het straatnaambord
street sign

de parkeermeter
parking meter

de dierentuin
zoo

het zwembad
swimming pool

de moskee
mosque

de boerderij

farm

de vervuiling

pollution

de begraafplaats

graveyard

de kerk

church

de speelplaats

playground

de tempel

temple

het landschap
landscape

het blad
leaf

de wegwijzer
signpost

de weg
way

de weide
meadow

de steen
stone

de boom
tree

de wandelaar
hiker

de rivier
river

het gras
grass

de bloem
flower

de vallei

valley

de berg

hill

het meer

lake

het bos

forest

de woestijn

desert

de vulkaan

volcano

het kasteel

castle

de regenboog

rainbow

de paddenstoel

mushroom

de palmboom

palm tree

de mug

mosquito

de vlieg

fly

de mier

ant

de bij

bee

de spin

spider

de kever

beetle

de kikker

frog

de eekhoorn

squirrel

de egel

hedgehog

de haas

hare

de uil

owl

de vogel

bird

de zwaan

swan

het wild zwijn

boar

het hert

deer

de eland

moose

de stuwdam

dam

de windmolen

wind turbine

het zonnepaneel

solar panel

het klimaat

climate

de ober
waiter

het menu
menu

de stoel
chair

de soep
soup

de pizza
pizza

het bestek
cutlery

het tafelkleed
tablecloth

het voorgerecht
starter

het hoofdgerecht
main course

het toetje
dessert

de dranken
drinks

het eten
food

de fles
bottle

de/het fastfood

fast food

het eetkraampje

street food

de theepot

teapot

de suikerpot

sugar bowl

de portie

portion

de espressomachine

espresso machine

de kinderstoel

high chair

de rekening

bill

het dienblad

tray

het mes

knife

de vork

fork

de lepel

spoon

de theelepel

teaspoon

het servet

serviette

het glas

glass

het bord
plate

het soepbord
soup plate

de schotel
saucer

de saus
sauce

het zoutvaatje
salt pot

de pepermolen
pepper mill

de azijn
vinegar

de olie
oil

de kruiden
spices

de ketchup
ketchup

de mosterd
mustard

de mayonaise
mayonnaise

de aanbieding
special offer

de klant
customer

de zuivelproducten
dairy

het fruit
fruit

de winkelwagen
trolley

de slager
butcher's

de bakkerij
baker's

wegen
weigh

de groente
vegetables

het vlees
meat

de diepvriesproducten
frozen food

de vleeswaren
cold meat

de conserven
tinned food

het wasmiddel
washing powder

het snoepgoed
sweets

de huishoudelijke artikelen
household products

het schoonmaakmiddel
cleaning products

de verkoopster
salesperson

de kassa
till

de kassier
cashier

het boodschappenlijstje
shopping list

de openingstijden
opening hours

de portefeuille
wallet

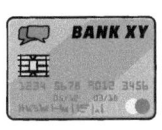

de creditkaart
credit card

BANK XY

de tas
bag

de plastic zak
plastic bag

het water

water

het sap

juice

de melk

milk

de cola

coke

de wijn

wine

het bier

beer

de alcohol

alcohol

de chocolademelk

cocoa

de thee

tea

de koffie

coffee

de espresso

espresso

de cappuccino

cappuccino

de banaan

banana

de appel

apple

de sinaasappel

orange

de watermeloen

melon

de citroen

lemon

de wortel

carrot

de knoflook

garlic

de bamboe

bamboo

de ui

onion

de paddenstoel

mushroom

de noten

nuts

de pasta

noodles

de spaghetti

spaghetti

de rijst

rice

de salade

salad

de friet

chips

de gebakken aardappelen

fried potatoes

de pizza

pizza

de hamburger

hamburger

de sandwich

sandwich

de schnitzel

cutlet

de ham

ham

de salami

salami

de worst

sausage

de kip

chicken

het gebraad

roast

de vis

fish

de havermout

porridge oats

de muesli

muesli

de cornflakes

cornflakes

het meel

flour

de croissant

croissant

de broodjes

bread roll

het brood

bread

de toast

toast

de koekjes

biscuits

de boter

butter

de kwark

curd

de taart

cake

het ei

egg

het gebakken ei

fried egg

de kaas

cheese

het ijs

ice cream

de suiker

sugar

de honing

honey

de jam

jam

de chocoladepasta

chocolate spread

de kerrie

curry

de boerderij
farmhouse

de hooibaal
straw bale

de schuur
barn

het veld
field

het paard
horse

de aanhangwagen
trailer

de tractor
tractor

het veulen
foal

de ezel
donkey

het lam
lamb

het schaap
sheep

de geit

goat

de koe

cow

het kalf

calf

het varken

pig

de big

piglet

de stier

bull

de gans
goose

de eend
duck

het kuiken
chick

de kip
hen

de haan
cock

de rat
rat

de kat
cat

de muis
mouse

de os
ox

de hond
dog

het hondenhok
doghouse

de tuinslang
garden hose

de gieter
watering can

de zeis
scythe

de ploeg
plough

de sikkel

sickle

de schoffel

hoe

de hooivork

pitchfork

de bijl

axe

de kruiwagen

wheelbarrow

de trog

trough

de melkbus

milk can

de zak

sack

het hek

fence

de stal

stable

de broeikas

greenhouse

de grond

soil

het zaad

seed

de mest

fertilizer

de maaidorser

combine harvester

oogsten

harvest

de oogst

harvest

de yam

yams

de tarwe

wheat

de soja

soy

de aardappel

potato

de maïs

corn

het koolzaad

rapeseed

de fruitboom

fruit tree

de maniok

cassava

de granen

cereals

de schoorsteen
chimney

het dak
roof

de regenpijp
drainpipe

het raam
window

de garage
garage

de deurbel
doorbell

de deur
door

de prullenbak
rubbish bin

de brievenbus
letterbox

de tuin
garden

de woonkamer
living room

de badkamer
bathroom

de keuken
kitchen

de slaapkamer
bedroom

de kinderkamer
child's room

de eetkamer
dining room

de vloer

floor

de muur

wall

het plafond

ceiling

de kelder

cellar

de sauna

sauna

het balkon

balcony

het terras

terrace

het zwembad

pool

de grasmaaier

lawn mower

het laken

sheet

de bedsprei

bedspread

het bed

bed

de bezem

broom

de emmer

bucket

de schakelaar

switch

het huis - house

het behang
wallpaper

de lamp
lamp

de foto
picture

de plank
shelf

de kast
cupboard

de open haard
fireplace

de televisie
television

de bloem
flower

het kussen
cushion

het bankstel
sofa

de vaas
vase

de afstandsbediening
remote control

het tapijt

carpet

het gordijn

curtain

de tafel

table

de stoel

chair

de schommelstoel

rocking chair

de stoel

armchair

het boek

book

de deken

blanket

de decoratie

decoration

het brandhout

firewood

de film

film

de stereo-installatie

hi-fi equipment

de sleutel

key

de krant

newspaper

het schilderij

painting

de poster

poster

de radio

radio

het kladblok

notepad

de stofzuiger

hoover

de cactus

cactus

de kaars

candle

de koelkast
fridge

de magnetron
microwave oven

de keukenweegschaal
kitchen scales

het schoonmaakmiddel
detergent

de toaster
toaster

de oven
oven

het vriesvak
freezer

de prullenbak
rubbish bin

de vaatwasser
dishwasher

het fornuis

cooker

de pan

pot

de gietijzeren pan

cast-iron pot

de wok / kadai

wok / kadai

de koekenpan

pan

de ketel

kettle

de stoomkoker

steamer

de bakplaat

baking tray

het servies

crockery

de beker

mug

de kom

bowl

de eetstokjes

chopsticks

de soeplepel

ladle

de spatel

spatula

de garde

whisk

het vergiet

strainer

de zeef

sieve

de rasp

grater

de vijzel

mortar

de barbecue

barbecue

de vuurhaard

open fire

de keuken - kitchen

de snijplank

chopping board

de deegroller

rolling pin

de kurkentrekker

corkscrew

het blik

can

de blikopener

can opener

de pannenlap

pot holder

de wasbak

sink

de borstel

brush

de spons

sponge

de blender

blender

de vriezer

deep freezer

het babyflesje

baby bottle

de kraan

tap

de badkamer
bathroom

de douche
shower

de verwarming
heating

de handdoek
towel

het douchegordijn
shower curtain

het bubbelbad
bubble bath

het bad
bathtub

het glas
glass

de wasmachine
washing machine

de kraan
tap

de tegels
tiles

het potje
potty

de wasbak
sink

het toilet

toilet

het hurktoilet

squat toilet

de/het bidet

bidet

het urinoir

urinal

het toiletpapier

toilet paper

de toiletborstel

toilet brush

de tandenborstel
toothbrush

de tandpasta
toothpaste

het flosdraad
dental floss

wassen
wash

de handdouche
handheld shower

de toiletdouche
douche

de waskom
basin

de rugborstel
back brush

de zeep
soap

de douchegel
shower gel

de shampoo
shampoo

het washandje
flannel

de afvoer
drain

de creme
cream

de deodorant
deodorant

de spiegel

mirror

de make-upspiegel

hand mirror

het scheermes

razor

het scheerschuim

shaving foam

de aftershave

aftershave

de kam

comb

de borstel

brush

de haardroger

hair dryer

de haarspray

hairspray

de make-up

makeup

de lippenstift

lipstick

de nagellak

nail varnish

de watten

cotton wool

het nagelschaartje

nail scissors

de/het parfum

perfume

de toilettas

washbag

de kruk

stool

de weegschaal

weighing scale

de badjas

bathrobe

de rubber handschoenen

rubber gloves

de tampon

tampon

het maandverband

sanitary towel

het chemisch toilet

chemical toilet

de wekker
alarm clock

het knuffeldier
cuddly toy

de speelgoedauto
toy car

de rammelaar
rattle

het poppenhuis
doll's house

het cadeau
present

de ballon
balloon

het bed
bed

de kinderwagen
pram

het kaartspel
deck of cards

de puzzel
jigsaw

het stripverhaal
comic

de legostenen

lego bricks

de speelgoedblokken

building blocks

het actiefiguurtje

action figure

de romper

babygrow

de frisbee

frisbee

de/het mobile

mobile

het bordspel

board game

de dobbelsteen

dice

de modeltrein

model train set

de speen

dummy

het feestje

party

het prentenboek

picture book

de bal

ball

de pop

doll

spelen

play

de zandbak

sandpit

de schommel

swing

het speelgoed

toys

de spelcomputer

video game console

de driewieler

tricycle

de teddybeer

teddy bear

de kleerkast

wardrobe

de kleding
clothing

de sokken

socks

de kousen

stockings

de panty

tights

de sjaal
scarf

de paraplu
umbrella

het T-shirt
t-shirt

de riem
belt

de pantoffels
slippers

de laarzen
boots

de sportschoenen
trainers

de sandalen
sandals

de schoenen
shoes

de rubberlaarzen
rubber boots

de onderbroek
underpants

de beha
bra

het onderhemd
vest

de kleding - clothing

45

de body

body

de broek

trousers

de spijkerbroek

jeans

de rok

skirt

de blouse

blouse

het overhemd

shirt

de trui

pullover

de hoody

hoodie

de blazer

blazer

de jas

jacket

de mantel

coat

de regenjas

raincoat

het kostuum

costume

de jurk

dress

de trouwjurk

wedding dress

het pak
suit

het nachthemd
nightgown

de pyjama
pyjamas

de sari
sari

de hoofddoek
headscarf

de tulband
turban

de boerka
burqa

de kaftan
kaftan

de abaja
abaya

het zwempak
swimsuit

de zwembroek
trunks

de korte broek
shorts

het trainingspak
tracksuit

de/het schort
apron

de handschoenen
gloves

de knoop

button

de bril

glasses

de armband

bracelet

de ketting

necklace

de ring

ring

de oorbel

earring

de pet

cap

de kledinghanger

coat hanger

de hoed

hat

de stropdas

tie

de rits

zip

de helm

helmet

de bretels

braces

het schooluniform

school uniform

het uniform

uniform

het slabbetje

bib

de speen

dummy

de luier

nappy

het kantoor
office

de server
server

de archiefkast
filing cabinet

de printer
printer

het beeldscherm
monitor

et papier
aper

het bureau
desk

de muis
mouse

de map
folder

het toetsenbord
keyboard

de prullenmand
waste-paper basket

de stoel
chair

de computer
computer

de koffiemok

coffee mug

de rekenmachine

calculator

het internet

internet

de laptop

laptop

de brief

letter

het bericht

message

de mobiele telefoon

mobile

het netwerk

network

de kopieermachine

photocopier

de software

software

de telefoon

telephone

het stopcontact

plug socket

de fax

fax machine

het formulier

form

het document

document

kopen

buy

betalen

pay

handel drijven

trade

het geld

money

USD

de dollar

dollar

EUR

de euro

euro

JPY

de yen

yen

RUB

de roebel

rouble

CHF

de Zwitserse frank

Swiss franc

CNY

de renminbi yuan

renminbi yuan

INR

de roepie

rupee

de geldautomaat

cashpoint

het wisselkantoor

bureau de change

het goud

gold

het zilver

silver

de olie

oil

de energie

energy

de prijs

price

het contract

contract

de belasting

tax

het aandeel

stock

werken

work

de werknemer

employee

de werkgever

employer

de fabriek

factory

de winkel

shop

de brandweerman
fireman

de politieagent
police officer

de kok
cook

de dokter
doctor

de piloot
pilot

de tuinman

gardener

de timmerman

carpenter

de naaister

seamstress

de rechter

judge

de scheikundige

chemist

de toneelspeler

actor

de buschauffeur

bus driver

de taxichauffeur

taxi driver

de visser

fisherman

de schoonmaakster

cleaning lady

de dakdekker

roofer

de ober

waiter

de jager

hunter

de schilder

painter

de bakker

baker

de elektricien

electrician

de bouwvakker

builder

de ingenieur

engineer

de slager

butcher

de loodgieter

plumber

de postbode

postman

de soldaat

soldier

de architect

architect

de kassier

cashier

de bloemist

florist

de kapper

hairdresser

de conducteur

conductor

de monteur

mechanic

de kapitein

captain

de tandarts

dentist

de wetenschapper

scientist

de rabbi

rabbi

de imam

imam

de monnik

monk

de pastoor

clergyman

de tang
pliers

de hamer
hammer

de schroevendraaier
screwdriver

de zaklamp
torch

de moersleutel
spanner

de graafmachine

digger

de gereedschapskist

toolbox

de ladder

ladder

de zaag

saw

de spijkers

nails

de boor

drill

repareren

repair

de schep

shovel

Verdorie!

Damn!

het stofblik

dustpan

de verfpot

paint pot

de schroeven

screws

de muziekinstrumenten
musical instruments

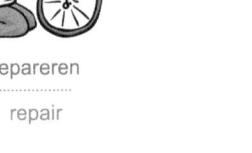

de luidspreker
loudspeaker

het drumstel
drum kit

de gitaar
guitar

de contrabas
double bass

de trompet
trumpet

de piano

piano

de viool

violin

de bas

bass

de pauk

timpani

de trommel

drums

het keyboard

keyboard

de saxofoon

saxophone

de fluit

flute

de microfoon

microphone

de ingang
entrance

de tijger
tiger

de kooi
cage

de zebra
zebra

het dierenvoer
animal feed

de panda
panda

de dieren

animals

de olifant

elephant

de kangoeroe

kangaroo

de neushoorn

rhino

de gorilla

gorilla

de beer

bear

de kameel

camel

de struisvogel

ostrich

de leeuw

lion

de aap

monkey

de flamingo

flamingo

de papegaai

parrot

de ijsbeer

polar bear

de pinguïn

penguin

de haai

shark

de pauw

peacock

de slang

snake

de krokodil

crocodile

de dierenverzorger

zookeeper

de zeehond

seal

de jaguar

jaguar

de pony

pony

de/het luipaard

leopard

het nijlpaard

hippo

de giraffe

giraffe

de adelaar

eagle

het wild zwijn

boar

de vis

fish

de schildpad

turtle

de walrus

walrus

de vos

fox

de gazelle

gazelle

American football
American football

wielrennen
cycling

tennis
tennis

basketbal
basketball

zwemmen
swimming

boksen
boxing

ijshockey
ice hockey

voetbal
football

badminton
badminton

atletiek
athletics

handbal
handball

skiën
skiing

polo
polo

springen
jump

lachen
laugh

knuffelen
hug

lopen
walk

zingen
sing

dromen
dream

bidden
pray

kussen
kiss

schrijven
write

tekenen
draw

tonen
show

duwen
push

geven
give

oppakken
take

hebben

have

doen

do

zijn

be

staan

stand

rennen

run

trekken

pull

gooien

throw

vallen

fall

liggen

lie

wachten

wait

dragen

carry

zitten

sit

aankleden

get dressed

slapen

sleep

wakker worden

wake up

de activiteiten - activities

bekijken
look at

huilen
cry

strelen
stroke

kammen
comb

praten
talk

begrijpen
understand

vragen
ask

horen
listen

drinken
drink

eten
eat

opruimen
tidy up

houden van
love

koken
cook

rijden
drive

vliegen
fly

zeilen

sail

rekenen

calculate

lezen

read

leren

learn

werken

work

trouwen

marry

naaien

sew

tandenpoetsen

brush teeth

doden

kill

roken

smoke

verzenden

send

de grootmoeder
grandmother

de grootvader
grandfather

de vader
father

de moeder
mother

de baby
baby

de dochter
daughter

de zoon
son

de gast

guest

de tante

aunt

de oom

uncle

de broer

brother

de zus

sister

het voorhoofd
forehead

het oog
eye

de schouder
shoulder

de vinger
finger

het gezicht
face

de kin
chin

de hand
hand

het been
leg

de borst
breast

de arm
arm

de baby

baby

de man

man

de vrouw

woman

het meisje

girl

de jongen

boy

het hoofd

head

de rug
....
back

de buik
....
belly

de navel
....
belly button

de teen
....
toe

de hiel
....
heel

het bot
....
bone

de heup
....
hip

de knie
....
knee

de elleboog
....
elbow

de neus
....
nose

het achterwerk
....
bottom

de huid
....
skin

de wang
....
cheek

het oor
....
ear

de lippen
....
lip

de mond

mouth

de tand

tooth

de tong

tongue

de hersenen

brain

het hart

heart

de spier

muscle

de long

lung

de lever

liver

de maag

stomach

de nieren

kidneys

de geslachtsgemeenschap

sex

het condoom

condom

de eicel

ovum

het sperma

semen

de zwangerschap

pregnancy

de menstruatie

menstruation

de vagina

vagina

de penis

penis

de wenkbrauw

eyebrow

het haar

hair

de hals

neck

het ziekenhuis
hospital

de ambulance
ambulance

de rolstoel
wheelchair

de fractuur
fracture

de dokter

doctor

de EHBO

emergency room

de verpleegster

nurse

het noodgeval

emergency

bewusteloos

unconscious

de pijn

pain

de verwonding

injury

de bloeding

bleeding

de hartaanval

heart attack

de beroerte

stroke

de allergie

allergy

de hoest

cough

de koorts

fever

de griep

flu

de diarree

diarrhoea

de hoofdpijn

headache

de kanker

cancer

de diabetes

diabetes

de chirurg

surgeon

het scalpel

scalpel

de operatie

operation

de CT

CT

de röntgen

x-ray

de echografie

ultrasound

het gezichtsmasker

face mask

de ziekte

disease

de wachtkamer

waiting room

de kruk

crutch

de pleister

plaster

het verband

bandage

de injectie

injection

de stethoscoop

stethoscope

de brancard

stretcher

de thermometer

clinical thermometer

de geboorte

birth

het overgewicht

overweight

het gehoorapparaat

hearing aid

het ontsmettingsmiddel

disinfectant

de infectie

infection

het virus

virus

(de) HIV / AIDS

HIV / AIDS

het medicijn

medicine

de inenting

vaccination

de tabletten

tablets

de pil

pill

het alarmnummer

emergency call

de bloeddrukmeter

blood pressure monitor

ziek / gezond

ill / healthy

Help!

Help!

het alarm

alarm

de overval

assault

de aanval

attack

het gevaar

danger

de nooduitgang

emergency exit

Brand!

Fire!

de brandblusser

fire extinguisher

het ongeluk

accident

de EHBO-koffer

first-aid kit

SOS

SOS

de politie

police

Europa

Europe

Noord-Amerika

North America

Zuid-Amerika

South America

Afrika

Africa

Azië

Asia

Australië

Australia

de Atlantische Oceaan

Atlantic

de Stille Oceaan

Pacific

de Indische Oceaan

Indian Ocean

de Zuidelijke Oceaan

Antarctic Ocean

de Noordelijke IJszee

Arctic Ocean

de Noordpool

North Pole

de Zuidpool

South Pole

Antarctica

Antarctica

de aarde

Earth

het land

land

de zee

sea

het eiland

island

de natie

nation

de staat

state

de wijzerplaat

clock face

de uurwijzer

hour hand

de minutenwijzer

minute hand

de secondewijzer

second hand

Hoe laat is het?

What time is it?

de dag

day

de tijd

time

nu

now

het digitaal horloge

digital watch

de minuut

minute

het uur

hour

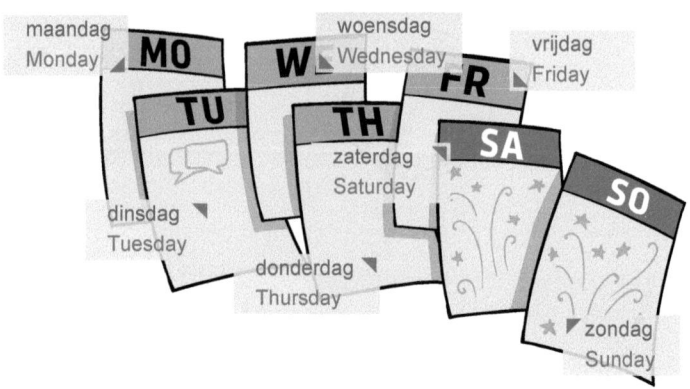

maandag / Monday	woensdag / Wednesday	vrijdag / Friday
dinsdag / Tuesday	donderdag / Thursday	zaterdag / Saturday
		zondag / Sunday

gisteren

yesterday

vandaag

today

morgen

tomorrow

de ochtend

morning

de middag

noon

de avond

evening

de werkdagen

business days

het weekend

weekend

de regen
rain

de regenboog
rainbow

de sneeuw
snow

de wind
wind

het voorjaar
spring

de herfst
autumn

de zomer
summer

de winter
winter

het weerbericht

weather forecast

de thermometer

thermometer

de zonneschijn

sunshine

de wolk

cloud

de mist

fog

de luchtvochtigheid

humidity

de bliksem

lightning

de donder

thunder

de storm

storm

de hagel

hail

de moesson

monsoon

de overstroming

flood

het ijs

ice

januari

January

februari

February

maart

March

april

April

mei

May

juni

June

juli

July

augustus

August

september

September

oktober

October

november

November

december

December

de vormen

shapes

de cirkel

circle

het vierkant

square

de rechthoek

rectangle

de driehoek

triangle

de bol

sphere

de kubus

cube

de kleuren
colours

wit
white

geel
yellow

oranje
orange

roze
pink

rood
red

paars
purple

blauw
blue

groen
green

bruin
brown

grijs
grey

zwart
black

veel / weinig

a lot / a little

boos / rustig

angry / calm

mooi / lelijk

beautiful / ugly

begin / einde

beginning / end

groot / klein

big / small

licht / donker

bright / dark

broer / zus

brother / sister

schoon / vies

clean / dirty

volledig / onvolledig

complete / incomplete

dag/ nacht

day / night

dood / levend

dead / alive

breed / smal

wide / narrow

eetbaar / oneetbaar

edible / inedible

gemeen / aardig

evil / kind

opgewonden / verveeld

excited / bored

dik / dun

fat / thin

eerste / laatste

first / last

vriend / vijand

friend / enemy

vol / leeg

full / empty

hard / zacht

hard / soft

zwaar / licht

heavy / light

honger / dorst

hunger / thirst

ziek / gezond

ill / healthy

illegaal / legaal

illegal / legal

intelligent / dom

intelligent / stupid

links / rechts

left / right

dichtbij / ver

near / far

nieuw / gebruikt

new / used

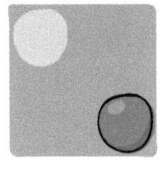

niets / iets

nothing / something

oud / jong

old / young

aan / uit

on / off

open / gesloten

open / closed

zacht / luid

quiet / loud

rijk / arm

rich / poor

goed / fout

right / wrong

ruw / glad

rough / smooth

verdrietig / gelukkig

sad / happy

kort / lang

short / long

langzaam / snel

slow / fast

nat / droog

wet / dry

warm / koel

warm / cool

oorlog / vrede

war / peace

de getallen
numbers

0

nul
zero

1

één
one

2

twee
two

3

drie
three

4

vier
four

5

vijf
five

6

zes
six

7

zeven
seven

8

acht
eight

9

negen
nine

10

tien
ten

11

elf
eleven

12

twaalf
twelve

13

dertien
thirteen

14

veertien
fourteen

15

vijftien
fifteen

16

zestien
sixteen

17

zeventien
seventeen

18

achttien
eighteen

19

negentien
nineteen

20

twintig
twenty

100

honderd
hundred

1.000

duizend
thousand

1.000.000

miljoen
million

de talen
languages

Engels

English

Amerikaans Engels

American English

Chinees Mandarijn

Chinese Mandarin

Hindi

Hindi

Spaans

Spanish

Frans

French

Arabisch

Arabic

Russisch

Russian

Portugees

Portuguese

Bengalees

Bengali

Duits

German

Japans

Japanese

ik
I

jij
you

hij / zij / het
he / she / it

wij
we

jullie
you

zij
they

wie?
who?

wat?
what?

hoe?
how?

waar?
where?

wanneer?
when?

de naam
name

waar
where

achter

behind

in

in

voor

in front of

boven

over

op

on

onder

under

naast

beside

tussen

between

plaats

place